AF358214

ALLOCUTION

PRONONCÉE EN L'ÉGLISE SAINT-THOMAS-D'AQUIN

AU MARIAGE

DE

M. KERGALL et de Mlle ÉLISABETH VARCOLLIER

LE 10 MARS 1887

PAR

LE PÈRE MILLON

PARIS

IMPRIMERIE QUANTIN

7, RUE SAINT-BENOIT

—

1887

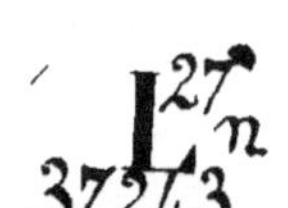

LE

MARIAGE CATHOLIQUE

ALLOCUTION

PRONONCÉE EN L'ÉGLISE SAINT-THOMAS-D'AQUIN

AU MARIAGE

DE

M. KERGALL et de Mlle ÉLISABETH VARCOLLIER

LE 10 MARS 1887

PAR

LE PÈRE MILLON

PARIS

IMPRIMERIE QUANTIN

7, RUE SAINT-BENOÎT

—

1887

LE

MARIAGE CATHOLIQUE

———

Vant de recevoir et de consacrer vos promesses, un devoir m'est imposé, celui de vous tracer l'idéal du mariage chrétien.

Et, avant tout, je bénis Dieu qui, en ne me permettant pas de séparer cette obligation de mon ministère, me la rend aujourd'hui si facile et si douce.

I. — Je crois d'abord que le mariage est le rapprochement d'êtres prédestinés. On s'appelle ou on se repousse. Cet entraînement ou cet éloignement est déterminé par une volonté supérieure. Cela, je le crois.

Je sais qu'un fait malheureux et trop fréquent donne un démenti à mon affirmation ; qu'entre deux êtres dissemblables on établit tous les jours un semblant d'union avec de l'argent, un nom, une position ; liens factices et artificiels, devant lesquels l'homme de la terre passe avec approbation, quelquefois avec envie, l'homme du ciel toujours avec une douloureuse pitié.

Je sais aussi qu'entre les sympathiques on peut essayer l'isolement, la séduction, d'autres affections, des influences d'amis, des considérations de position ou d'avenir.

Je sais cela ; mais ce que je sais mieux encore, c'est que l'âme, avec ses idées, ses sentiments, son cœur, est le centre et l'objet de la sympathie ; que Dieu a créé cet attrait dans la famille humaine, non seulement pour perpétuer la race, mais encore et surtout pour compléter et perfectionner ceux qui le ressentent ; qu'avant de s'être connus ils se sont pressentis, et qu'à la première ouverture de leur cœur ils se sont dit : Nous nous connaissions !

Je ne veux qu'une preuve de ce que j'avance. Le premier venu ne mesurera pas la profondeur de leur tendresse ; mais rien qu'à en voir le rayonnement, je suis sûr qu'il prononcera ce mot si connu et si profond : *Ils sont faits l'un pour l'autre !*

Ma conviction est donc que le mariage est d'abord un rapprochement prédestiné ; et si la liberté humaine, souvent inintelligente, méchante quelquefois, ne vient pas traverser les dispositions divines, si l'homme ne sépare pas ce que la pensée de Dieu a éternellement uni, le rapprochement doit se faire, et, vous en êtes la preuve, il se fait.

II. — Le mariage est plus qu'une union prédestinée, c'est une union garantie par un libre contrat. L'homme n'est jamais plus libre que quand, obéissant à sa conscience, il se commande à lui-même, et que, se défiant de sa fragilité, il se lie par un contrat qui engage son avenir. Voilà pourquoi vous allez vous promettre fidélité mutuelle jusqu'à la mort. — vous entendez — jusqu'à la mort !

Les unions libres peuvent se briser ; les unions scellées par un contrat librement signé doivent être indissolubles.

Comment a-t-on pu en venir à mettre en doute l'indissolubilité du mariage ?

Mon esprit se perd à essayer de le comprendre. Voilà deux êtres intelligents, maîtres de leurs volontés et de leurs actes, qui sont venus ici, dans ce temple de Dieu, devant un homme qui le représente. Ils veulent se jurer fidélité ; ils vont échanger tout à l'heure ce qu'ils ont de plus sacré, leur parole. Rien ne leur paraît trop auguste, trop divin, pour les entendre et pour les voir.

Voilà un fait. Et après ? — Après ! Sur ce fait, les passions humaines entasseront, si elles veulent, les subtilités et les sophismes. On pourra découronner le témoin, nous supprimer, nous, les représentants de Dieu. et nous remplacer par les représentants de la société civile ; on pourra émouvoir les cœurs sensibles par le spectacle de ceux que le mariage a lassés et meurtris.

Il restera ceci : il y a eu un contrat libre.

Eh bien, je vous le dis, tant que le monde gardera un honnête homme, il y aura, dans le monde, au moins une voix pour crier aux félons et aux traîtres qu'on ne reprend sa parole qu'au prix de tout son honneur ; qu'on meurt, s'il le faut, pour la tenir, et, ce qui est autrement difficile, qu'on vit pour s'en souvenir et lui rester fidèle.

III. — Enfin, le mariage n'est pas seulement un acte prédestiné, un contrat indissoluble formé par l'engagement de deux volontés libres ; il est, aux yeux de la foi catholique, une union sainte, consacrée et vivifiée par la présence et l'opération du Christ. C'est un sacrement !

Ceux-là seuls connaissent un sacrement qui en ont éprouvé la vertu.

Il y a, dans la vie, des heures mauvaises où tout semble se déchaîner contre l'énergie humaine, gardienne de l'affection et de l'honneur, pour prendre la mesure d'un homme et lui démontrer son impuissance. C'est l'épreuve qui vient, avec le vertige qu'elle donne, et l'abîme qu'elle cache, mais où elle conduit.

Le prêtre catholique, l'homme aux devoirs austères, n'est pas étranger à l'épreuve. Il connaît mieux que personne les limites de la vertu naturelle ; mieux que personne aussi, il peut parler de la force divine qui, au

premier appel de sa foi, vient le relever de ses abandon-
nements.

Eh bien! croyez-en la parole d'un prêtre qui, comme
tous les prêtres, aime passionnément sa vocation, et, en
plus, est pour vous un ami.

Vous allez commencer une vie nouvelle, soutenus
par l'idée du devoir à accomplir et l'ardeur d'une jeune
affection. Au foyer qui vous attend, vous trouverez des
joies très douces, le charme d'un amour partagé; et, plus
tard, si Dieu est bon pour vous, d'autres vies sorties de
votre sang et vivant de votre vie. Sous l'impression de
ces premiers enivrements, vous ne verrez pas l'inévitable
avenir avec son inséparable cortège : l'austérité des
devoirs, les peines qui ne vous manqueront pas plus
qu'aux autres, la révélation d'imperfections mutuelles. Et,
sous ces influences dissolvantes, l'affection elle-même,
lien du foyer conjugal, sera mise en péril.

Pour beaucoup, hélas! ce point marque l'épuisement
et le terme de la force humaine.

Mais où l'homme finit, Dieu commence. Quand
l'homme n'en peut plus, le Christ invoqué au nom du
sacrement reçu se présente, fidèle à ceux qu'il a unis et
qui le prient, et il réalise en eux sa promesse d'autrefois:
Ce qui est impossible aux hommes est possible à Dieu.

Ces vérités vous sont familières. Ma foi est votre foi.
Et il doit vous sembler que, en vous traçant ainsi l'idéal
de la vie qui se prépare, je ne fais que prêter une parole
aux sentiments qui sont en vous.

Je ne croirais pas cependant avoir tout dit, si je ne vous adressais pas mes suprèmes recommandations.

Mademoiselle et mon enfant, vous avez eu ce rare bonheur de rencontrer un homme qui vous a choisie et désirée pour vous.

Il vous aimera tendrement, parce qu'il a aimé tendrement sa mère; et que, si, dans un homme, l'affection peut changer de nature et d'objet, le caractère de son affection ne change jamais. — Il vous aimera fortement, comme il a aimé les deux grandes causes qu'il a servies : l'Église et la France. — Il vous aimera dignement en vous faisant heureuse dans votre intimité, respectée dans le monde, pure et sainte devant Dieu.

Mon cher ami, je vous confie cette enfant, centre et joie de toute une famille. Les siens sont devenus les vôtres. Ils vous ont fait votre place au milieu d'eux; avec quel cœur? vous le savez.

Là, on va souffrir deux fois aujourd'hui en se séparant d'elle et de vous. Eh bien! je vous le déclare en leur nom, ils ne se plaindront pas au foyer vide et ils ne trouveront jamais dans leur cœur assez de reconnaissance, si vous êtes *tout* pour elle, qui va *tout* laisser pour s'attacher à vous.

Et enfin je m'adresse à vous qui êtes venus apporter ici le témoignage de votre estime et de votre sympathie.

Je ne connais ni votre foi religieuse ni la disposition de vos âmes. Souvenez-vous seulement que ceux que je vais unir au nom du Christ ont besoin de Dieu; et, si vous êtes leurs amis, oubliez les préoccupations mondaines, et unissez, je vous en prie, vos prières aux nôtres, pour leur obtenir, du dispensateur de tous les biens, des jours pleins des deux seuls biens de ce monde : l'honneur et la vertu.